dtv

Der Sonnengruß ist eine alte Yogaübung, mit der ursprünglich jeden Morgen die lebensspendende Kraft der Sonne verehrt wurde. Im Laufe der Zeit entwickelte sich aus den Gebetshaltungen eine Abfolge von zwölf Körper- und Atemübungen. Der Sonnengruß in seiner heutigen Form ist eine Energiequelle für Körper und Geist. Die wohltuenden Übungen dehnen die Muskeln, regen Kreislauf und innere Organe an und fördern die Atemkapazität. Bei regelmäßiger Praxis bauen sie Fettreserven ab, fördern die Muskelbildung und straffen die Taille. Es handelt sich um einfache Bewegungsabläufe, die insgesamt nicht länger als fünf Minuten dauern und für die man weder gertenschlank noch sehr dehnbar sein muß. Führt man sie regelmäßig morgens aus, liefern sie Energie, gute Laune und innere Harmonie für den ganzen Tag. Der Sonnengruß ist ein »Allrounder«, der leicht auszuführen ist und für reines Wohlbefinden sorgt!

Cai Pfannstiel, geb. 1967, hat Germanistik und Theaterwissenschaft studiert. Er lebt und arbeitet als Yogalehrer, Shiatsu-Praktiker und Maler in Berlin und ist Mitglied im Bund der Yoga-Vidya-Lehrer. Er ist Autor des ›Handbuch Yoga‹ (dtv 36018).

Cai Pfannstiel

Der Sonnengruß

Mit Yoga den Tag beginnen

Mit Fotos
von Margret Uhrmeister

Deutscher Taschenbuch Verlag

Für Wiebke, in Liebe und Vertrauen

WICHTIGER HINWEIS

Die in diesem Buch dargestellten Techniken sollten mit gesundem Menschenverstand und Umsicht praktiziert werden. Um eventuelle Schäden auszuschließen, für die weder der Verlag noch der Autor haften, sollte man sich bei Schwangerschaft oder Krankheit sowie im Zweifelsfall an einen erfahrenen Yogalehrer oder Arzt wenden.

Originalausgabe
November 1997

Umschlagkonzept: Balk & Brumshagen
Umschlagfoto: Margret Uhrmeister
Satz: Verlagsbüro Walter Lachenmann, Waakirchen
Gesetzt aus der Bembo-Antiqua
Druck und Bindung: C.H. Beck'sche Buchdruckerei, Nördlingen
Gedruckt auf säurefreiem, chlorfrei gebleichtem Papier
Printed in Germany · ISBN 3-423-36071-2

Inhalt

Anrufung

bhadram karnebhih shrinuyama devah
bhadram pashyemakschabhih yajatrah
sthirairam gaishtnusthuvamsastanubhih
vyashema devahitam yadayuh

Gutes sollen unsre Ohren verstehen,
die Augen mit Savitars[1] Hilfe sehen.
Freude wird er uns alle Zeit erweisen,
sofern wir ihn mit ganzem Herzen preisen.

Anrufung aus der ›Shvetashvatara-Upanishad‹
(3. Jh. v. Chr.)

1 Name eines Sonnengottes

Vorwort

Die Idee zu diesem Buch entstand im Winter. Es war ein verlockender Gedanke, mich inmitten der Kälte und des Graus intensiv mit dem Sonnengruß und dem Thema Sonne zu beschäftigen. Täglich praktizierte ich mehr Runden des Sonnengrußes als üblich, was nicht ohne Wirkung blieb. Ich fühlte mich noch frischer und vitaler, und bald stand für mich fest, daß ich die Fotos für dieses Buch zusammen mit der Fotografin, Margret Uhrmeister, in Indien, dem Mutterland des Yoga, machen würde. Es sollte eine der spannendsten und wundersamsten Reisen werden, die ich je unternommen habe. Auf unserem Weg zu den Quellen des heiligen Ganges trafen wir in der Einsamkeit des Himalaya Yogis und Waldasketen, die in versteckten Höhlen meditierten und mit uns die Geheimnisse des Yoga teilten.

In Varanasi, der heiligsten Stadt Indiens, in der täglich Abertausende zu früher Morgenstunde die Sonne anbeten, ihr Opfergaben bringen und ein reinigendes Bad im Ganges nehmen, lernte ich einen hochgebildeten Yogi, Herausgeber vieler Bücher und ehemaligen Sanskrit-Professor, kennen. Mit seinen 65 Jahren eine strahlende

Der Sonnengott Surya

Erscheinung, versicherte er mir, daß das tägliche Üben des Sonnengrußes ihn nicht nur gesund halte, sondern auch stärkend auf seine Augen gewirkt habe. Durch die Übungen benötige er seit Jahren keine Brille mehr. Viele andere Inder, die ich traf, bestätigten ebenfalls die vielfältigen positiven Wirkungen dieser Yogaübung. Ich traf aber auch Menschen, die den Sonnengruß auf zwei bis drei Übungen reduziert hatten, so daß er eher einem Fitneßtraining als einer Yogaübung glich.

Den Schluß unserer Reise bildete der Besuch des Sonnentempels in Konarak am Golf von Bengalen, einer der prachtvollsten Tempel, die ich je gesehen habe. Er wurde zur Verehrung des Sonnengottes Surya gebaut. Die gesamte Architektur dieser beeindruckenden Anlage ist zur aufgehenden Sonne ausgerichtet. Bei Sonnenauf- und -untergang herrscht dort eine fühlbar friedliche und gleichzeitig erhebende Stimmung.

Doch in mir klingen noch die Worte eines Asketen nach, der in der Nähe des Sonnentempels am Strand wohnt und uns in seine Hütte einlud: »Wozu einen Sonnentempel? Die Sonne scheint doch überall!«

Cai Pfannstiel
Berlin, im November 1997

Verehrung der Sonne

Lotos als Symbol der Sonne

In unserer westlichen Zivilisation zweifelt heutzutage kaum jemand daran, daß die Sonne jeden Morgen aufs Neue aufgehen wird. In anderen Kulturen jedoch war und ist das zum Teil anders. Vor allem in vergangenen Zeiten, als die Menschen noch keine astronomischen Kenntnisse hatten, war die Sonne, hell und kraftvoll das Firmament erleuchtend, für viele Ausdruck göttlicher Macht oder eine Verkörperung Gottes selbst.

Begeben wir uns auf eine kleine Zeitreise zu einigen längst vergangenen Kulturen dieser Welt, die die Sonne als Lichtbringerin und Vertreiberin der Finsternis verehrten. Die Menschen sahen in den wärmenden Sonnenstrahlen den Ausdruck fortdauernden Lebens und priesen sie. Das geschah z. B. in Ägypten, in Babylonien, im antiken Griechenland ebenso wie in Mittel- und Südamerika in den Reichen der Inkas, Mayas und Azteken. In der aztekischen Hochkultur opferte man der Sonne beispielsweise menschliche Herzen, um sie zu besänftigen.

Werfen wir nun einen Blick auf das vorchristliche Indien. Zwei wichtige große Ströme, der Indus und der Ganges, beherrschten das Leben der Menschen. An ihnen entwickelten sich die ersten Hochkulturen Indiens.

Im Industal entstanden einige gut organisierte Städte, die regen Handel trieben. Es gab breite Straßen, Lagerhallen und sogar Badehäuser. Die Bewohner waren reinliche und ordnungsliebende Menschen. Überall huldigte man dem morgendlichen Aufgehen der Sonne und begrüßte sie freudig. In einer Reihe von festgelegten Gebetshaltungen warfen sich die Menschen vor der Sonne nieder, um sie zu preisen.

Aus diesem Ritual, das ganz dem Denken und religiösen Fühlen der indischen Bevölkerung entsprach, entwickelten sich im Laufe der Jahrtausende die Übungen des Sonnengrußes, die in diesem Buch ab S. 51 vorgestellt werden. Vor allem die Yogis verfeinerten und veränderten die Körperstellungen, so daß sie zu einer optimalen Übungsfolge reiften, die wohltuend und stärkend auf Körper und Geist wirkt. Noch heute wird der Sonnengruß in allen Yogaschulen der Welt in der einen oder anderen Variation praktiziert.

Von Göttern, Opferfeuern und dem Beginn des Hinduismus

Obgleich die alten Kulturen Indiens längst untergegangen sind, haben Feuerräder, das Symbol des Sonnenrades oder die alljährlichen Sonnwendfeiern bis heute eine wichtige Bedeutung. Auch in unserer abendländischen Kultur finden wir Zeugnisse des engen Bezugs, den unsere Vorfahren zur Sonne hatten. In den Wochentagsbe-

Hinduistischer Altar

Morgenstimmung am Ganges

zeichnungen Sonnabend, Sonntag und Montag klingt noch immer der Respekt vor den spürbaren Kräften der Sonne und des Mondes an. Und vor wenigen Jahrhunderten noch identifizierten sich europäische Herrscher wie Ludwig XIV. mit der Sonne als Symbol der Macht. Im Mittelalter verehrten viele Menschen die Sonne und priesen sie, wie es der heilige Franz von Assisi 1224 in seinem ›Sonnengesang‹ tut:

> »Gott, ich preise Dich im stillen Deiner
> Werke Pracht, der goldnen Sonne willen,
> die Du gemacht. Denn schön ist meine
> königliche Schwester, gibt Morgenrot und
> Mittagshelligkeit den Abendhimmel als
> der Künstler bester.«

Die griechische Mythologie verehrt z.B. Helios, den Sonnengott. Er ist der Bruder der Morgenröte Eos und der Mondgöttin Selene. Stolz kommt er in seinem Sonnenwagen, gezogen von vier feurigen Rossen, am Taghimmel daher. Das Zeichen seiner Macht ist eine leuchtende Strahlenkrone.

Während unsere westliche Zivilisation solche Schilderungen heute nur noch aus einer gewissen Distanz betrachtet, da wir größtenteils die Beziehung zu Göttern und Naturkräften verloren haben, gehören die Götter in Indien noch heute untrennbar zur lebensweltlichen Wirklichkeit dazu. Der Mythos ist hier kein vergangenes Kulturgut, sondern Realität. Überall – von den Tempeln bis zu den Fernsehprogrammen – sind Götter und Göttergeschichten im Alltag zu finden. Verändern sich die Menschen und die Gesellschaft, so verändern sich auch die Götter entsprechend. Daher kommt es, daß Hindus noch immer dieselben Götter verehren wie ihre Vorfahren vor langer Zeit.

Spaziert man heutzutage frühmorgens am Ganges entlang, begegnet man zahllosen Menschen, die – wie vor Jahrhunderten – mit den Übungen des Sonnengrußes den hereinbrechenden Tag begrüßen. Ihr Leben ist geprägt von Ritualen und der Verehrung der Götter.

Um diese lebendige Religiosität zu begreifen, »reisen wir noch einmal zurück« an den Indus, etwa in das zweite Jahrtausend vor unserer Zeitrechnung. Hier im fruchtbaren Stromtal hat sich eine friedliche Hochkultur angesiedelt. Sie verehrt Naturerscheinungen als göttliche Kräfte. Gut tausend Jahre später verändert sich das Leben unter dem Einfluß der aus dem Norden in Indien einfallenden Arier erheblich und damit auch das religiöse Erleben. Die Götter erhalten nun zum Teil menschliche Gestalt. So entsteht der Vorläufer des Hinduismus, die vedische Religion mit ihrer Priesterschaft, den Brahmanen.

Noch existieren keine prunkvollen Tempel, wie wir sie heute in Indien so zahlreich antreffen, sondern nur heilige Verse und das Opferfeuer, mit denen die Götter angerufen werden. Die Brahmanen entwickeln sich zur wichtigsten Gesellschaftsklasse. Sie rezitieren die heili-

Immer brennender Feueraltar

gen Verse der Veden, mit denen die Götter herbeigerufen werden, und sie kennen die strengen Regeln, nach denen die Opferhandlungen durchzuführen sind. Auf dem Altar, in den manchmal auch das Symbol der Sonne eingearbeitet ist, übergeben sie Nahrungsmittel oder Opfertiere dem Feuer. Über das Feuer herrscht der Feuergott Agni. Ihm werden die Opfergaben anvertraut, und durch seinen Rauch transportiert er sie zu den übrigen Göttern. Besonders viel Wert legen die brahmanischen Priester auf den richtigen Ablauf der Opferzeremonien. Sie entwickeln sich immer mehr zu einem ausgeklügelten Ritual, denn dem vedischen Glauben zufolge stimmt nur ein perfektes Opferritual die Götter günstig und veranlaßt sie, zu den Menschen herabzusteigen.

Ein Priester bittet mit seinem Opferritual zum Beispiel den Regengott Indra, vom Himmel herabzusteigen, damit die Felder endlich Regen bekommen. In der vedischen Kultur erklärt die Personifizierung von Naturkräften wie dem Regen Naturereignisse, indem es die Geschehnisse auf handelnde Götter zurückführt.

Hinter der göttlichen Personifizierung von Naturkräften, die das Leben in seinen Abläufen verständlich und durch Opfergaben in gewissem Maße beeinflußbar macht, steht für den Brahmanen eine sittliche Ordnung der Welt. So ist zum Beispiel das menschliche Streben nach Erkenntnis, die Suche nach der Wahrheit, auf die

Surya als Sonnenwagenlenker am Sonnentempel in Ranakpur

Sonnentempel in Ranakpur

Kraft des Gottes Varuna, des Wahrheitsgottes, zurückzuführen. Wie entwickeln sich nun der Sonnengruß und die Verehrung der Sonne weiter?

Sonnengötter und Sonnentempel

Machen wir einen großen Zeitsprung in das siebte Jahrhundert. Die Zeit der Tempelbauten beginnt. Die vedische Religion hat mittlerweile eine Vielzahl von Göttern hervorgebracht, deren Bedeutung und Einfluß sich im Hinduismus wandelt. Aus dieser Vielzahl stechen nun drei Götter besonders hervor: Shiva, Brahma und Vishnu. Noch heute sind sie im Hinduismus die wichtigsten Götter. Für sie werden in den folgenden Jahrhunderten viele Tempel und Statuen errichtet. Daneben spielt aber zum Beispiel auch der alte Sonnengott Surya weiterhin eine große Rolle. Auch für ihn erbaut man ab dem siebten Jahrhundert vor allem in Nordindien einige wunderbare Tempel. Die Verehrung dieses Sonnengottes erreicht für einige Jahrhunderte ihren Höhepunkt. So erschaffen beispielsweise viele Bildhauer und Steinmetze unter König Narasimha Deva im 13. Jahrhundert den prachtvollen Sonnentempel von Konarak bei Puri (→ S. 88). In Stein gemeißelte Statuen zeigen Surya, der, wie der griechische Gott Helios, als Wagenlenker, gezogen von starken Rossen, den Himmel bereist.

Aber im Hinduismus gibt es neben Surya viele weitere Verkörperungen der Sonne. Auf unserer kurzen

Reise haben wir bereits den Feuergott Agni, den Regengott Indra und den Wahrheitsgott Varuna kennengelernt. Auch sie gelten gleichzeitig als Sonnengötter. Denn die Sonne vereint unterschiedliche Qualitäten: Sie bringt allmorgendlich die Schöpfung in Gang, sie spendet Leben durch ihre Wärme, sie vertreibt die Finsternis und vieles mehr. Jede dieser Eigenschaften kann von verschiedenen Göttern repräsentiert werden. Weitere bedeutende Sonnengötter werden im Übungsteil ab S. 51 vorgestellt, weniger wichtige finden sich auf S. 127.

Am Ende unserer Zeitreise schließt sich der Kreis. Im Dunst der Morgendämmerung sehen wir einen Menschen, der anmutig eine Folge von Körperposen ausführt. Sein Gesicht ist der aufgehenden Sonne zugewandt. Dies ist der Gruß an die Sonne. Mit jeder der zwölf Posen preist er einen der Sonnengötter. Erfrischt und gestärkt beginnt er den neuen Tag. Menschen in Indien verehren heute, wie vor Tausenden von Jahren, allmorgendlich die lebensspendende Sonne, auf daß sie uns weiterhin erhalten und jeden Morgen aufgehen möge.

> Indem die Sonne aufgeht, singt sie den
> Kreaturen
> Die heilige Silbe Om.
> Indem sie aufgeht, schlägt sie Finsternis
> und Gefahr fort.
>
> *Chandogya-Upanishad 1.3*
> *(8.–7. Jh. v. Chr.)*

Der Sonnengruß

Das Sonnenrad am Tempel von Konarak

Entstehung und Entwicklung

Wer geordnet ißt und lebt,
Bewegung und Ruhe nicht vergißt,
besonnen schläft, nicht zuviel wacht,
der siegt mit Yoga übers Leid.

Bhagavad-Gita VI. 17
(3.–4. Jh. v. Chr.)

WIE BEREITS ERWÄHNT, entwickelten die Yogis den Sonnengruß, der ursprünglich aus einer Reihe von Gebetshaltungen bestand, weiter und verfeinerten ihn. So entstand eine Folge anmutiger Körperübungen, die Körper und Geist stärken.

Schon vor Jahrtausenden zogen Yogis als Bettelmönche durch Indien oder lebten in der Einsamkeit des schneebedeckten Himalayagebirges als Asketen. Manche wohnten in einsamen Höhlen oder unerschlossenen Wäldern. Daran hat sich bis heute nichts geändert. In ihrer starken Sehnsucht nach Befreiung und dem Bedürfnis nach einem gottgeweihten Leben unterwerfen sie ihren Körper einer strengen Askese. Wie schon Buddha vor 2500 Jahren kasteien sie sich mit verschiedenen Übungen: zum Beispiel Fasten, Enthaltsamkeit, tagelangem Stehen auf einem Bein oder jahrelangem Schweigen. Sie stellen Körper und Geist auf harte Proben, um sich dadurch endgültig von den gewöhnlichen Grenzen menschlichen Daseins zu befreien.

Im Laufe der Jahrhunderte vollzogen sich zwei wesentliche Veränderungen im Yoga, die mit dazu beigetragen haben, den Sonnengruß zu einer der effektivsten Übungen der Welt zu machen. Die erste Veränderung ist die geschickte Verbindung von Askese und Opfer. Der Yoga war immer schon ein sehr anpassungsfähiges System. Veränderte sich die indische Kultur, hinterließ dies meistens auch Spuren im Yoga. Wie wir bereits gesehen haben, nahmen die brahmanischen Priester mit ihrer Opferzeremonie eine äußerst wichtige Stellung in der indischen Gesellschaft ein. Das Opfer diente der Besänftigung der Götter. Wer opferte, also beispielsweise ein Schaf verbrannte, hoffte auf die Gunst der Götter.

Diese äußere Opferhandlung verbanden die Yogis nun mit dem inneren Opfer. Der Gedanke ist einfach: Indem man seinen Körper – gegen die Gewohnheit – einer strengen Disziplin unterwirft, erbringt man sozusagen ein inneres Opfer. Die Yogis konnten somit ihre uralte asketische Lebensweise mit dem Brahmanismus durchaus in Einklang bringen. Alle Übungen – so auch das tägliche Praktizieren des Sonnengrußes – galten nun als innere Opferhandlungen, die dem Yogi die Gunst der Götter sichern sollten. Auf die brahmanischen Priester anspielend, lautet es in der bekanntesten Yogaschrift, der ›Bhagavad-Gita‹:

Yogapose: Das Sonnenrad

So verehren manche Yogis
Brahma [das Göttliche] wie ein Opferfeuer.
Andere [die Priester] suchen Brahma im Feuer
und ehren ihn durch das Opfer.

Bhagavad-Gita IV. 25

Die zweite wichtige Entwicklung im Yoga war die Orientierung auf den Körper. Nachdem über Jahrhunderte vor allem die Meditation im Vordergrund stand, wurden im sogenannten Hatha-Yoga nun Körperübungen zu einem zentralen Bestandteil. Bei uns im Westen ist neben dem sinnlich orientierten Tantra vor allem der Hatha-Yoga bekannt. Dieser entwickelte sich innerhalb des breiten Spektrums von Yogatechniken im indischen Mittelalter (ca. ab dem 14. Jh.). Auch hier zeigten sich Yogis wieder sehr experimentierfreudig. Sie ersannen im Laufe der Zeit Übungen für Körper und Geist, die moderne Mediziner aufgrund ihrer äußerst positiven Wirkungen heute noch staunen lassen. Die Hatha-Yogis erarbeiteten in dieser Zeit ein ganz eigenes Verständnis vom Körper und der Welt (siehe auch S. 31 ff.).

So verglichen sie den Körper zum Beispiel mit einem Tempel Gottes. Ihn zu pflegen, zu stärken und zu entwickeln, wurde zu einer sehr wichtigen Aufgabe. Die Idee ist im Prinzip einfach, wohnt doch bekanntermaßen in einem gesunden Körper ein gesunder Geist. Und ein kraftvoller Geist ist für alle Ziele, die sich der Mensch setzt, eine wesentliche Voraussetzung.

Aufgrund der wichtigen Stellung, die dem Körper

nun zukam, wurden aus den ursprünglichen, einfachen Gebetshaltungen des Sonnengrußes immer anspruchsvollere Körperposen. Im Hinduismus, der sich im Laufe der Zeit zur vorherrschenden Kultur entwickelte, werden hauptsächlich zwölf Sonnengötter, die sogenannten Adityas, verehrt. Daher hat sich auch der Sonnengruß zu einer Übung aus zwölf Yogastellungen entwickelt. Sie werden in fließender Abfolge praktiziert, wobei jede Stellung einer Eigenschaft der Sonne bzw. einem Sonnengott gewidmet ist. Der Sonnengruß ist also weit mehr als ein kleines Gymnastikprogramm zum Aufwärmen. In ihm verbinden sich auf einzigartige Weise die innige Beziehung zur Schöpfung, der Opfergedanke sowie die wohltuenden Yogaposen. Wer den Sonnengruß praktiziert, tut somit gleichzeitig etwas für Körper und Geist.

Freiheit durch Yoga

> Nur das Üben bringt Erfolg. Daran gibt es keinen Zweifel.
>
> *Hatha-Yoga-Pradipika 1.66*
> *(14. Jh. n. Chr.)*

Auf die eine oder andere Weise strebt jeder von uns danach, frei zu sein, denn Freiheit ist ein menschliches Grundbedürfnis. Der Hatha-Yoga sucht die Freiheit vor allem über den Körper. Die Gesundheit des Körpers ist

dabei unbedingte Voraussetzung für die Erweiterung und nachhaltige Veränderung des Bewußtseins.

Wenn man Übungen wie den Sonnengruß oder andere Yogapraktiken regelmäßig übt, verändern und stärken sie den Körper. Vor allem sensibilisieren sie uns für körperliche Reaktionen, die wir nur sehr eingeschränkt wahrnehmen. Normalerweise achten wir nicht auf die vielen Ungleichgewichte und Spannungen im Körper. Solange uns nicht Krankheiten oder Unfälle aus unserer gewohnten Bahn werfen, vertrauen wir darauf, daß der Organismus funktioniert. Und solange er das tut, wird er in der Regel nicht wahrgenommen. So wird man sich beispielsweise der Fähigkeit zu gehen meist erst dann wieder bewußt, wenn man zum Beispiel nach einem Unfall für einige Wochen gezwungen ist, einen Gehgips zu tragen.

Mit Yogaübungen wie dem Sonnengruß bringen Sie Ihren Körper in ungewohnte Stellungen und brechen dadurch eingefahrene Wahrnehmungsmuster auf. Jede ungewohnte Position veranlaßt Ihr Bewußtsein, die Aufmerksamkeit auf die Körperteile zu richten, die dabei beansprucht werden. Das ist ein ganz automatischer Mechanismus. Erinnern Sie sich nur an das Gefühl, wenn Sie sich das Knie gestoßen haben. Instinktiv fassen Sie sofort an diese Körperstelle und lenken Ihre Aufmerksamkeit vermehrt dorthin.

Durch das Einnehmen unterschiedlicher Positionen

Lotos im Kopfstand

lernen Sie Ihren Körper neu kennen. Ihr Bewußtsein strömt bis in alle Ecken Ihres Körpers. Neben den gesundheitlichen Vorteilen, die der Sonnengruß bietet, führen die Übungen auch zu einer subtilen Bewußtseinserweiterung.

Natürlich kann man das Bewußtsein auch mit Meditationsübungen, wie sie ab S. 107 beschrieben sind, weiten und die Aufmerksamkeit insgesamt steigern. Auch andere Yogaübungen, die Sie z.B. in meinem ›Handbuch Yoga‹ (dtv 36018) finden, haben diese Wirkung. Je mehr es Ihnen gelingt, starre Wahrnehmungsmuster aufzubrechen, desto freier und flexibler werden Sie sich fühlen. Denn mit zunehmender körperlicher Beweglichkeit, nimmt auch die geistige Flexibilität zu.

Die Energien ins Gleichgewicht bringen

Die Trennung von Körper und Bewußtsein ist im Yoga bei weitem nicht so scharf wie im westlichen Denken. Nach dem Verständnis der Yogis umschließen der Körper und alle Schichten des Geistes die Seele des Menschen wie die Schalen einer Zwiebel deren Inneres. Der Körper selbst besteht aus einem physischen, sichtbaren und einem energetischen, in der Regel unsichtbaren Körper. Wenn man den Sonnengruß praktiziert, wirkt das automatisch auf beide Körper.

Ähnlich wie bei einer Akupunkturbehandlung, bei

der der Arzt vorsichtig mit feinen Nadeln in den physischen Körper des Patienten sticht, damit aber die Energielinien (Meridiane), die den Körper durchziehen, beeinflußt, wirken die Yogaübungen ebenfalls auf den Energiekörper des Menschen. In der Vorstellung des Yoga besteht der Energiekörper des Menschen aus einem riesigen Netzwerk von Energiekanälen. Die Lage und Wirkung einiger Kanäle sind bekannt. Durch verschiedene Meditations- und Atemübungen (→ S. 107) kann man die Energien beeinflussen und ausgleichen. Denn nur, wenn Sie sich in einem harmonischen Gleichgewicht befinden, kann man physisch und psychisch völlig gesund sein. Einer dieser Energiekanäle ist der sogenannte Sonnenkanal (Surya- oder Pingala-Nadi). Seine Stimulierung erzeugt Kraft und Dynamik im Körper. Eine gegenteilige Wirkung hat dagegen der Mondkanal. Wird er aktiviert, sorgt er für Ruhe im Körper.

Die elementaren Kräfte der uns umgebenden Natur finden im Yoga ihre Entsprechung im Menschen. Der Hatha-Yoga sieht in jedem Teil des Körpers ein Abbild des Kosmos. Der Körper stellt somit einen Mikrokosmos der äußeren Welt dar. Beide sind untrennbar miteinander verbunden: Was auf die Welt wirkt, wirkt auch auf den Menschen und umgekehrt. Fördert der Mensch seine Gesundheit und Zufriedenheit, so vermehrt er diese Eigenschaften auch in der äußeren Welt. Am Beispiel des Herzens erklärt die alte ›Chandogya-Upanishad‹:

Wahrlich, dieser Raum im inneren Herzen
ist so groß wie das Weltall.
Beide, Himmel und Erde, sind innen darin
untergebracht;
beide, Feuer und Wind; Sonne und
Mond; Blitz und Gestirne.

Chandogya-Upanishad 8.1

Die Praxis des Sonnengrußes

Als Yogalehrer praktiziere ich den Sonnengruß seit vielen Jahren nach Möglichkeit jeden Tag. Im folgenden möchte ich Ihnen eine genaue Anleitung zur Ausführung dieser wunderbaren Yogaübung geben und zeigen, welche positiven Wirkungen sie bei regelmäßigem Üben haben kann.

Ein Ritual schaffen

Manchmal kostet es einige Überwindung, die Übungen des Sonnengrußes durchzuführen, und nicht selten möchte man vielleicht lieber noch etwas länger im Bett liegenbleiben und sie ganz ausfallen lassen. Selbst nach Jahren intensiver Yogapraxis kenne ich solche Momente gut. Allerdings wird man, wenn man regelmäßig übt, nach einiger Zeit für die Ausdauer belohnt: Die Übungen fallen immer leichter, sie machen mehr Spaß und die Überwindung wird immer kleiner. Irgendwann wird es einem sogar zum Bedürfnis, den Sonnengruß zu praktizieren.

Wenn Sie regelmäßig üben, wird sich ein weiterer positiver Effekt einstellen. Ihre Willenskraft und damit auch Ihr Durchsetzungsvermögen werden zusehends größer, denn Sie setzen sich gegen die natürliche Trägheit durch. Zugleich richten Sie sich eine »Oase der Stetigkeit« inmitten eines oft sehr bewegten Alltags ein. Sie schaffen sich ein Ritual.

Unsere Gesellschaft ist unter anderem durch den steten Verlust fester Regeln geprägt. Unabhängig davon, wie man einzelne Regeln beurteilt, bieten sie doch Orientierung und Struktur inmitten einer Welt, in der der einzelne sich einer immer größeren Freiheit, aber zugleich auch einer immer größeren Orientierungslosigkeit gegenübersieht. Rituale gewinnen daher eine neue Bedeutung. Sie ermöglichen uns einen neuen Umgang mit unserer Freiheit. Auch wenn Rituale wie der Sonnengruß wenig aufsehenerregend sind, bieten sie uns Halt und die Möglichkeit zur Besinnung.

Gesundheit und Anmut

Die Übungen des Sonnengrußes stärken merklich die allgemeine Gesundheit und verleihen dem Körper eine anmutige Ausstrahlung. Bei anhaltender Praxis kann sich die Figur sehr positiv verändern. Die Taille wird schlanker, und die Muskeln werden stärker und dehnbarer. Auch Ausdauer und Kraft nehmen zu. Ich selbst bin seit Jahren nicht mehr krank gewesen, was ich auf meine regelmäßige Yogapraxis zurückführe.

Bei regelmäßigem Üben hat der Sonnengruß folgende positive Wirkungen:

- Anregung der Verdauungsorgane, schafft Abhilfe bei Verstopfung
- Stärkung von Herz, Lunge und Nervensystem
- Förderung von Gelenkigkeit und Dehnbarkeit
- Erhöhung der Flexibilität der Wirbelsäule
- Reduzierung von Fettpolstern
- Abhilfe bei allgemeiner Müdigkeit
- Erhöhung der körperlichen Widerstandskräfte
- Allgemeine Reinigung und Entgiftung durch Schwitzen
- Steigerung der Lebensfreude

Die zwölf Sonnengrußposen sind so beschaffen, daß der Körper an den wichtigsten Stellen gedehnt wird. Vor- und rückwärtsbeugende Stellungen strecken vor allem die Rücken-, Brust- und Bauchmuskulatur. Andere Stellungen sprechen die Ober- und Unterschenkelmuskulatur sowie den Nacken an. Zusätzlich wird die Muskulatur der Arme gestärkt und gedehnt. Auch Füße und Hände erhalten eine leichte Massage, da sie in den verschiedenen Stellungen des Sonnengrußes ständig in neue Positionen gebracht werden.

Den Atem fließen lassen

Ein Viertel des Brahman [Göttlichen] ist
der Atem.
Er scheint und glüht durch den Wind als
sein Licht.

Chandogya-Upanishad 3.18

Wenn Sie regelmäßig einige Runden des Sonnengrußes praktizieren, werden Sie eine Steigerung Ihres Atemvolumens bemerken und insgesamt eine fließendere Atmung bekommen. Durch die rasche Abfolge der verschiedenen Körperstellungen wird der Atem automatisch rhythmischer. Da jede Stellung mit einer Ein- oder Ausatmung verbunden ist, beginnt der Atem von Runde zu Runde mehr zu fließen. Anfangs wird es für Sie vielleicht noch ungewohnt sein, bei den unterschiedlichen Positionen ein- oder auszuatmen, aber vertrauen Sie einfach auf die natürlichen Abläufe in Ihrem Körper! Der Sonnengruß macht sich diese nämlich zunutze. Wenn man sich beispielsweise nach oben streckt wie bei Position 2 auf S. 59, ist diese Bewegung mit dem Einatmen gekoppelt, denn in der Streckung weitet sich der Brustkorb, und die Lungen bekommen mehr Raum, um sich auszudehnen.

Ein tiefer und gleichmäßiger Atem hat eine große heilende Wirkung auf den Organismus. Er führt dem Körper mit jedem Einatmen neue, unverbrauchte Energie zu und leitet mit jedem Ausatmen alte, verbrauchte

Stoffe hinaus. Jeder Atemzug stellt so einen natürlichen Reinigungsprozeß dar. Über den Atem wird auch die Herztätigkeit angeregt. Mehr sauerstoffreiches Blut wird durch den Körper gepumpt und versorgt alle Zellen mit Energie und Nährstoffen.

Eine tiefe und regelmäßige Atmung beruhigt zugleich das Nervensystem. Atem und Befinden hängen bekanntermaßen sehr eng zusammen und beeinflussen sich gegenseitig. Aufregung oder Ängste wirken anders auf das Atemverhalten als Freude und Ruhe. Mal atmet man stockend, gepreßt, mal leicht oder kaum merkbar. Durch die Übungen lernen Sie, bewußter mit Ihrem Atem und damit auch besser mit Ihren Gefühlen und Gedanken umzugehen. Meine eigene Erfahrung bestätigt dies: Je länger ich Yoga praktiziere, desto klarer wird mir dieser Zusammenhang. Immer wenn ich einen anstrengenden Tag habe und bemerke, daß meine Atmung schnell und unregelmäßig wird, dann halte ich kurz inne und besinne mich auf die tiefe und gleichmäßige Atmung. Oder ich mache einige Runden des Sonnengrußes, wodurch mein Atem rhythmisiert wird. Wenig später fühle ich mich viel entspannter, und der Streß ist fast verflogen.

Häufig fühlt man sich schlapp oder man ist anfällig für Krankheiten, weil man stockend oder zu flach atmet. Beobachten Sie einmal Ihren eigenen Atemrhythmus vor und nach den Übungen. Auf den Seiten 103ff., 121f. und 124–127 finden Sie einige zusätzliche Atemübungen zur Steigerung der Lebensenergie.

Rauchen erschwert die Aufnahme von Sauerstoff ins Blut, wodurch einige gesundheitliche Vorteile des Sonnengrußes nicht zur Wirkung kommen. Falls Sie rauchen, sollten Sie sich daher überlegen, wie Sie Ihren Zigarettenkonsum schrittweise reduzieren können. So schaffen Sie eine viel bessere Basis für die Übungen und den Erhalt Ihrer Gesundheit.

Gesunde Ernährung

Sie können die positiven Wirkungen des Sonnengrußes noch verstärken, wenn Sie sich gesund ernähren. Es gibt viele gute Ernährungskonzepte, die hier nicht gegeneinander abgewogen werden sollen; selbst in alten und neuen Yogaschriften findet man unterschiedliche Empfehlungen. Eine goldene Regel ist aber in jedem Fall eine gemäßigte Ernährungsweise. Versuchen Sie darauf zu achten, Ihren Magen nicht zu überladen, so daß Sie sich immer leicht und wach fühlen. Ein ganz klein bißchen Hunger ist ein gutes Zeichen. Ein voller Magen macht träge und wirkt sich nachteilig auf die meisten physiologischen Prozesse im Körper aus. Viele sogenannte Zivilisationskrankheiten beruhen auf einer zu fetten, einseitigen oder übermäßigen Ernährung bei gleichzeitigem Bewegungsmangel. Oft kommt noch Streß als Negativfaktor hinzu. Ergänzen Sie deshalb Ihren Speiseplan durch möglichst viel frisches Obst und Gemüse. Essen Sie viel Getreide und wenig Fleisch. Versuchen Sie auch, Reizstoffe wie Kaffee, schwarzen Tee und Alkohol zu reduzieren. Nach einer gewissen Übergangsphase werden Sie sich insgesamt vitaler und energievoller fühlen. Die Übungen des Sonnengrußes fallen Ihnen dann leichter und sorgen zugleich dafür, daß der Organismus die Nahrungsmittel besser verarbeitet. Je weniger der Körper mit Stoffen belastet ist, die er nicht verwerten kann, desto besser kann er die ihm durch Nahrung und Atmung zugeführte Energie nutzen.

Der Sonnengruß mit Mantras

Traditionell wird der Sonnengruß mit Mantras praktiziert. Zu jeder der zwölf Stellungen werden verschiedene Mantras wie »Om Suryaya Namah« oder »Om Ravaye Namah« rezitiert. Mantras sind spezifische Klangsilben aus dem Sanskrit, der uralten Hochsprache Indiens. Der Sage nach haben die Weisen sie im Himalaya von den Göttern empfangen, um sie an die Menschen weiterzugeben. Die Mantras enthalten subtile Klangenergien, die beim Aussprechen reinigend und erhebend auf das Bewußtsein wirken. Zugleich preist im Hinduismus jeder Mantra eine göttliche Eigenschaft und ist damit Ausdruck der religiösen Haltung. Beim Sonnengruß huldigt man mit den zwölf traditionellen Mantras den verschiedenen Sonnengöttern.

Für uns Menschen aus dem Abendland ist es manchmal schwierig, Mantras zu rezitieren, ohne mit der hinduistischen Religion vertraut zu sein. Häufig fehlt der Bezug, beziehungsweise die innere, religiöse Verbundenheit. Aber die Klangenergien haben allein schon durch das Rezitieren eine heilende Wirkung. Daher finden Sie im Übungsteil auf S. 73 Vorschläge dazu, wie Sie Mantras trotzdem in Ihre Sonnengrußpraxis integrieren können.

Die richtige Übungszeit

Meiner Erfahrung nach ist der Morgen tatsächlich die beste Zeit, um den Sonnengruß zu praktizieren. Wenn man ihn früh am Morgen noch vor dem Frühstück ausführt, fühlt man sich danach belebt und frisch. Man nimmt den Tag anders wahr und merkt, wie das ganze Leben um einen herum langsam erwacht. Nach einigen Runden Sonnengruß ist man hellwach und fühlt mehr Kraft und Tatendrang, dem neuen Tag zu begegnen. Zudem regen die Übungen die Verdauung an und machen Appetit aufs Frühstück. Ob man den Sonnengruß nun morgens, mittags oder abends praktiziert, ist jedoch zweitrangig. Um von seinen guten Wirkungen zu profitieren, ist es viel wichtiger, daß man ihn möglichst regelmäßig ausführt. Beobachten Sie einfach, wie die Stimmung der unterschiedlichen Tageszeiten auf Sie wirkt, wenn Sie die Übungen machen. Beobachten Sie auch, was Ihnen der Sonnengruß geben kann. Vielleicht benötigen Sie weniger die Frische am Morgen als die Entspannung nach einem harten Arbeitstag – auch dafür ist der Sonnengruß gut. Finden Sie selbst die beste Übungszeit für sich heraus.

Der Übungsort

Einer der größten Vorteile des Sonnengrußes besteht darin, daß man keinen besonderen Übungsort benötigt. Man kann ihn überall ausführen und ist weder vom Wetter noch von Geräten oder Übungspartnern abhängig. Zudem erlaubt die kurze Übungszeit von 5 bis 15 Minuten, den Sonnengruß in jeden noch so terminbeladenen Tag einzubauen. Und nicht selten ist die Wirkung der Übung wohltuender als das teure Training in Fitneßstudios.

Besorgen Sie sich nach Möglichkeit eine rutschfeste Unterlage zum Üben und legen Sie sie an einen geeigneten Platz in Ihrer Wohnung. Schön ist zum Beispiel ein Platz vor dem Fenster. Vielleicht haben Sie ja auch die Möglichkeit, während der Übung in Richtung Osten zu schauen und die aufgehende Sonne zu sehen. Öffnen Sie einige Minuten vor Beginn der Übung ein Fenster, damit Sie mehr Sauerstoff aufnehmen können. Wenn es das Wetter zuläßt, lassen Sie das Fenster während des Übens offen.

Im Sommer macht es besonders viel Spaß, den Sonnengruß draußen zu machen. Vielleicht haben Sie einen Balkon oder einen Garten, sonst ist auch ein öffentlicher

Park hervorragend geeignet. In China beispielsweise findet man viele Stadtbewohner, die in den frühen Morgenstunden ihre anmutigen Thai-Chi-Übungen in Parks durchführen. Wunderbare Momente kann man vor allem am Strand erleben, wenn die Sonne aufgeht und die frische salzige Meeresluft die Lungen füllt. In solchen Augenblicken empfindet man etwas von der alten Verbindung mit den Naturkräften, die ursprünglich mit dem Sonnengruß geehrt wurden.

Vorbereitungen

Ziehen Sie sich bequeme Kleidung an und stellen Sie sich aufrecht mit geschlossenen Füßen hin. Hinter Ihnen sollten etwa zwei Meter Platz bleiben. Schließen Sie nun die Augen und spüren Sie in Ihren Körper hinein. Fühlen Sie den Boden unter Ihren Füßen. Achten Sie darauf, daß Sie einen guten Bodenkontakt haben. Der Boden trägt Sie während der gesamten Übung.

Reisen Sie in Ihrer Vorstellung einmal systematisch von unten nach oben durch Ihren Körper. Beobachten Sie dabei, ob die Knie, das Becken, das Kreuzbein, die Schultern und alle anderen Körperpartien locker und entspannt sind. Durch diese Visualisierungsübung lenken wir unsere Aufmerksamkeit auf neue Körperregionen und brechen damit alte Wahrnehmungsmuster auf.

Kontakt zur Erde

Versuchen Sie während dieser Übung Ihre Wirbelsäule ganz aufzurichten und langzumachen. Sie sollte sich vom Kreuzbein bis zum Kopf wie ein gut gespanntes Seil anfühlen. Horchen Sie aufmerksam in Ihren Körper hinein, solange es Ihnen angenehm ist. Mit etwas mehr Routine sollte diese Vorbereitung nicht länger als eine Minute dauern.

Öffnen Sie dann die Augen und beginnen Sie die Übungen des Sonnengrußes, wie sie im folgenden beschrieben sind. Jede volle Runde besteht aus zwei Durchgängen der zwölf Posen, wobei in Position 4 abwechselnd das rechte und dann das linke Bein zurückgebracht wird. Man fängt jedoch immer mit dem rechten Bein an. Beginnen Sie Ihre Praxis mit vier bis acht vollen Runden und steigern Sie sich in den kommenden Monaten langsam auf zehn bis zwölf Runden. Versuchen Sie trotz der ungewohnten Anstrengung, immer gleichmäßig und tief zu atmen – wenn möglich nur durch die Nase. Anfangs mag Ihnen der Sonnengruß kompliziert vorkommen, aber die Koordination von Atmung und Bewegung wird sich bald von ganz alleine einstellen. Beenden Sie jede Übung mit einer angemessenen Entspannung (→ S. 101 f.).

Die Übungen des Sonnengrußes

Position 1

Achten Sie bei allen zwölf Positionen des Sonnengrußes darauf, eine stabile, gute Haltung einzunehmen. Die Übungen sollten mit Anmut durchgeführt werden.

Vor allem die erste Pose zeigt dies deutlich. Hierbei falten Sie die Hände flach vor der Brust in der klassischen Namaste-Haltung, was übersetzt »Verneigung vor dir« heißt. Auf diese Weise werden traditionell spirituelle Meister oder andere Menschen, denen man Ehrerbietung entgegenbringt, begrüßt. Der Grüßende demonstriert damit zugleich seine Demut.

Sehen Sie alle Posen des Sonnengrußes auch als Ausdruck einer inneren Haltung. Wenn Sie nach einigen Tagen oder Wochen des Übens die verschiedenen Positionen fließend können, sollten Sie daran arbeiten, die Feinheiten immer exakter wahrzunehmen und auszuführen. Das präzise Üben des Sonnengrußes ist Ausdruck einer demütigen inneren Haltung und fördert diese gleichzeitig.

Hände vor der Brust falten

Stehen Sie mit geschlossenen Füssen. Richten Sie sich auf, und machen Sie Ihre Wirbelsäule lang. Die Schultern sind entspannt, der Kopf wird gerade gehalten und der Blick geht nach vorne. Atmen Sie zuerst ein, falten Sie dann mit der Ausatmung die Hände vor der Brust.

Position 1

Position 2

Morgenstimmung an den Ghats von Varanasi

Sie [Ushas, die Göttin der Morgenröte],
die Schöne, geht an der Spitze, indem sie
das Volk weckt.

Rig-Veda V.80 (15. Jh. v. Chr.)

Von unbeschreiblicher Schönheit ist die Morgenstimmung in Varanasi, dem heiligen Ort Indiens. Hier, wo der Ganges, der »Fluß der Götter«, die Stadt durchfließt, wird der Morgen auf innige Weise begrüßt. Im fahlen Licht der Dämmerung hält Ushas, die Göttin der Morgenröte, Einzug. Auf den »Ghats«, den steinernen Treppen des Flusses, verrichten gläubige Hindus ihre rituellen Waschungen unter dem kaum hörbaren Gemurmel von Gebeten. Hier und da sieht man Yogis und Sadhus (Mönche) ihre Übungen machen. Die breiten steinernen Stufen sind der aufgehenden Sonne zugewandt und werden von den vielen Badehäusern der früheren indischen Maharadschas gesäumt.

Morgenstimmung am Ganges

Mit der Einatmung strecken Sie Arme und Hände weit über den Kopf nach oben und etwas nach hinten. Die Augen blicken zum Himmel. Hierbei werden Brustkorb und Arme gedehnt.

Position 2

Position 3

Surya, der bekannteste Sonnengott, wird in Indien noch immer sehr verehrt. In Südindien dankt man alljährlich bei einem mehrtägigen Erntedankfest, dem »Surya-Pongal«, für seine Wohltaten; in Varanasi ist ihm beispielsweise ein Ghat gewidmet.

Seine Strahlen vernichten die Dunkelheit, und sein Licht führt die Toten zur Erlösung. Im Beisein seiner Gattin Ushas, der Göttin der Morgenröte, erfüllt er die Welt täglich mit neuem Licht und Wärme und ist somit zugleich Ausdruck des immerwährenden Lebens.

Surya wird traditionell in einem prachtvollen Sonnenwagen dargestellt, mit dem er das Firmament bereist. Auf vielen Steinreliefs ist er in Begleitung von Ushas und seinem Wagenlenker Aruna, dem Gott der Morgenröte. In beiden Händen hält Surya jeweils eine Lotosblüte als Symbol der Sonne.

Betrachten Sie Position 3 als Verneigung vor der lebensspendenden Kraft der Sonne.

Mit der Ausatmung bringen Sie Ihre gestreckten Arme zum Boden und legen die Handflächen neben den Füßen ab. Beim Hinunterkommen können Sie sich vorstellen, die Sonne am Horizont zu berühren. In dieser Position bleiben die Knie durchgedrückt. Der Kopf wird in Richtung Knie gezogen.

Versuchen Sie, die Hände auf dem Boden auf Höhe der Füße zu bringen. Das erhöht die Dehnung der rückwärtigen Beinmuskulatur und Rückenstrecker. Wenn Ihnen dies schwerfällt, können Sie leicht in die Knie gehen oder die Hände an die Knöchel legen.

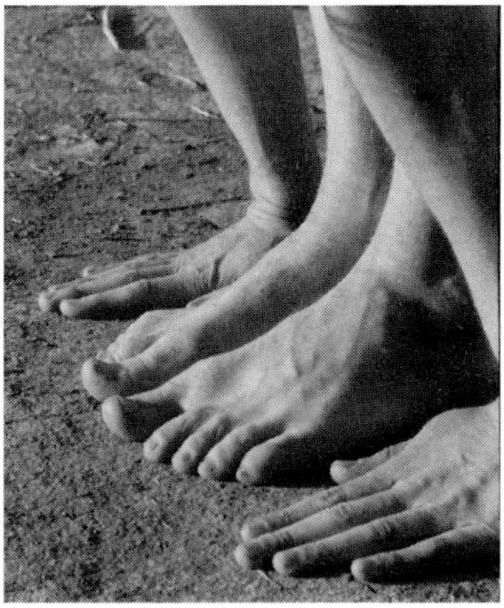

Hände und Füße in einer Reihe

Position 3

Die Kraft des Morgens

Position 4

Savitar, einer der zwölf Sonnengötter, gilt als Anreger und Beleber, als inspirierender Gott, dessen Licht Erkenntnis schenken soll. Er wird bereits im uralten ›Rig-Veda‹, der ältesten Textsammlung der ›Veden‹, erwähnt. Der »Gayatri-Mantra« bezieht sich auf diesen alten Gott:

> O Erde, Luftraum, Himmel! Über das
> strahlende Licht des verehrungswürdigen
> Schöpfers wollen wir nachsinnen.
>
> *Rig-Veda III. 62*

Savitar wird mit der morgendlichen Sonne in Verbindung gebracht, dem Zeitraum also, in dem man im Idealfall den Sonnengruß ausführen sollte, um sich für den Tag zu stärken. Richten Sie Ihren Kopf der Sonne entgegen und nehmen Sie die belebende Kraft Savitars auf.

In der ›Shvetashvatara-Upanishad‹, einer der ältesten Quellen des Yoga, wird Savitar angerufen, um den Yogi zu schützen und ihm auf seinem Weg zur Selbstverwirklichung Kraft und Erkenntnis zu verleihen (→ S. 7).

Einatmend bringen Sie das rechte Bein nach hinten. Die Hände bleiben neben den Füßen am Boden. Achten Sie darauf, das linke Bein senkrecht zum Boden aufzustellen. Der Blick ist zum Himmel gerichtet. Das Becken wird leicht in Richtung Boden gedrückt, so daß die innere Oberschenkelmuskulatur gedehnt wird.

Achten Sie darauf, daß die Zehen nicht aufgestellt sind, sondern Ihr Fußrücken den Boden berührt. Als Hilfe können Sie sich eine Spannungslinie von den Zehen bis zum gehobenen Kopf vorstellen.

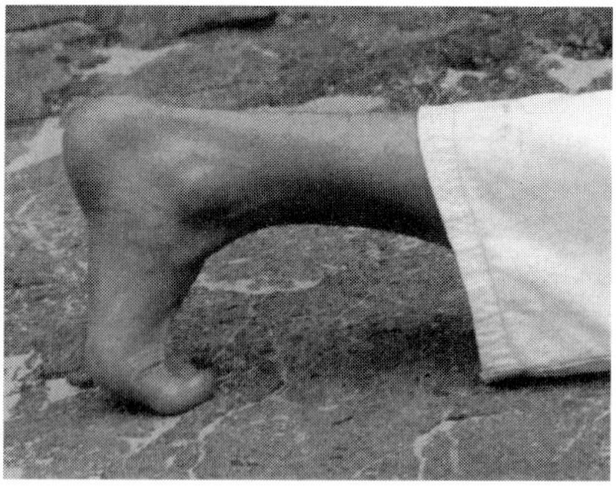

Falsche Fußposition

Position 4

Position 5

Vom Schein laß mich gelangen zum Sein;
Von der Finsternis laß mich gelangen zum
  Licht;
Vom Tod laß mich gelangen zum Leben!

Brhadaranyaka-Upanishad 1.3
(8. Jh. v. Chr.)

Viele Menschen streben nach Wahrheit und Erkenntnis. Gleich wie die Strahlen der Sonne die Dunkelheit vertreiben, so siegt immer wieder das Bedürfnis nach Wissen über das Unwissen. Die Yogis haben diesen Zusammenhang mit dem Begriff der Erleuchtung zum Ausdruck gebracht. Erleuchtung ist für sie das Wieder-Einswerden mit der gesamten Schöpfung, das Aufheben von Weltschmerz und des Gefühls des Getrenntseins. Von daher dienen alle yogischen Techniken diesem großen Ziel.

Auch Sie werden bei regelmäßigem Üben des Sonnengrußes bemerken, wie sich Ihr Wohlbefinden steigert und sich Ihr Bewußtsein öffnet. Sie werden mehr und mehr Ihre eigene Mitte finden. Zugleich können Sie diesen Prozeß durch Meditationsübungen unterstützen (→ S. 107).

Lotos als Symbol der Sonne

Halten Sie den Atem an und bringen Sie das andere Bein nach hinten. Der Kopf wird in Verlängerung der Wirbelsäule gehalten. Achten Sie darauf, daß der Körper eine gerade Linie beschreibt. Das Gesäß sollte weder durchhängen, noch zu sehr nach oben gedrückt werden.

Position 5

Symbol der heiligen Silbe »Om«

Position 6

Durch die Wahrheit weht der Wind;
durch die Wahrheit leuchtet die Sonne am Himmel;
die Wahrheit ist die Grundlage der Sprache;
auf der Wahrheit ist das All gegründet.
Mahanarayana-Upanishad 63.2

Für den Yoga besitzt die Sprache magische Kraft. Daher wird der Sonnengruß traditionell mit dem Aussprechen von heiligen Silben, den Mantras, kombiniert (→ S. 45). Für Ihre Praxis empfehle ich Ihnen, entweder bei jeder der zwölf Positionen innerlich »Om«, den heiligsten Mantra, zu rezitieren, denn das fördert die Konzentration. Oder Sie sprechen nach jeder halben Runde ein- bis dreimal laut den Mantra »Om Suryaya Namah« (Om, Verneigung vor Surya). Auf diese Weise erhalten Sie eine Atempause. Beide Mantras wirken positiv auf das Bewußtsein.

Ausatmend kommen Sie zu Boden, indem Sie Knie, Brust und Stirn nacheinander sanft ablegen. Der Körper beschreibt jetzt eine Wellenform, wobei das Becken den Boden nicht berühren sollte. Die Arme liegen eng am Oberkörper an.

Drücken Sie in Position 6 das Becken nicht zu weit nach oben, aber lassen Sie es auch nicht auf den Boden kommen. Zwischen Becken und Boden sollten etwa fünf Zentimeter Spielraum sein. Normalerweise liegt der Kopf mit der Stirn auf. Wenn Sie zusätzlich etwas für Ihre Nackenmuskeln tun wollen, heben Sie den Kopf einige Zentimeter vom Boden ab.

Becken zu hoch

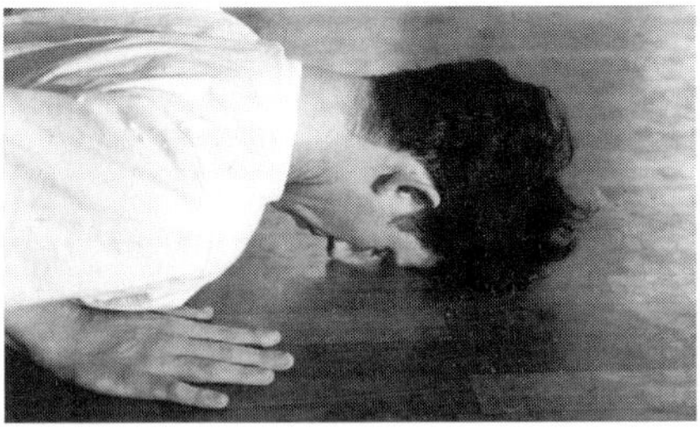

Stirn auf dem Boden

Position 6

Position 7

Das heilige Feuer ist im Feuerholz verborgen
wie eine wohlgehütete Leibesfrucht in Schwangeren.
Täglich neu ist Agni von den erwachten Menschen
mit Opfergaben zu verehren.

Rig-Veda III. 29

Position 7 steigert die Hitze im Körper und regt das Verdauungsfeuer an – Eigenschaften, die unter anderem dem Gott Agni zugeordnet werden. Auch das Feuer der Sonne und des Blitzes sind Ausdruck der Kraft Agnis.

Agni ist ein Freund der Menschen: Sein Licht vertreibt böse Geister, schenkt Erkenntnis und wirkt reinigend (ein Grund, warum gläubige Hindus ihre Toten verbrennen). Darstellungen zeigen Agni mit zwei Köpfen, die das Sonnen- und das Erdfeuer symbolisieren, und je sieben feurigen Zungen, mit denen er die Opferbutter aufleckt.

MIT DER EINATMUNG stemmen Sie sich nach oben und dehnen Brust- und Bauchraum. Die Arme liegen weiterhin eng am Oberkörper. Die Brust wird etwas nach hinten gedehnt, so daß die Schulterblätter am Rücken näher zusammenkommen. Der Kopf ist leicht gehoben.

Kommen Sie nur soweit in die Position, daß Ihr unterer Rücken nicht schmerzt.

Achten Sie bei dieser Position darauf, die Fußrücken auf den Boden zu legen. Drücken Sie die Oberarme nicht vom Brustkorb weg, und sacken Sie nicht im Brustbereich ein. Beim Dehnen der Körpervorderseite hilft es, das Becken zum Boden zu drücken.

Position 7

Position 8

Ein Viertel des Brahman [Göttlichen] ist das Auge. Es scheint und glüht durch die Sonne als sein Licht.

Chandogya-Upanishad 3.18

EIN ALTER UND GEHEIMNISVOLLER Sonnengott ist der Gott Mitra. Er betrachtet das Treiben der Menschen wie die Sonne am Himmel, die sein großes Auge ist. Daher ist er nur schwer zu täuschen. Aus diesem Grund ist er auch mit Varuna, dem Wahrheitsgott, verwandt (→ S. 23). Allerdings ist Mitra ein sehr sozialer Gott. Er wacht über Verträge, die die Menschen miteinander schließen, und steht für Harmonie, Freundlichkeit und Friedfertigkeit.

Tor des Friedens in Ranakpur

Mit der Ausatmung stellen Sie die Zehen auf und stemmen sich zurück, bis Ihr Körper ein umgekehrtes »V« bildet. Drücken Sie Ihre Fersen in Richtung Boden, das dehnt die rückwärtige Beinmuskulatur. Versuchen Sie gleichzeitig, den Brustkorb ebenfalls in Richtung Boden zu drücken. Der Kopf bleibt in Verlängerung der Wirbelsäule.

Versuchen Sie, Ihre Fußsohlen jedes Mal etwas weiter zum Boden zu bringen. Bleiben Sie eventuell einige Atemzüge in dieser Position, um die Dehnung der Beinmuskulatur zu verstärken. Achten Sie darauf, daß Sie sich aus Position 7 wirklich zurückstemmen und nicht die Füße zum Körper ziehen.

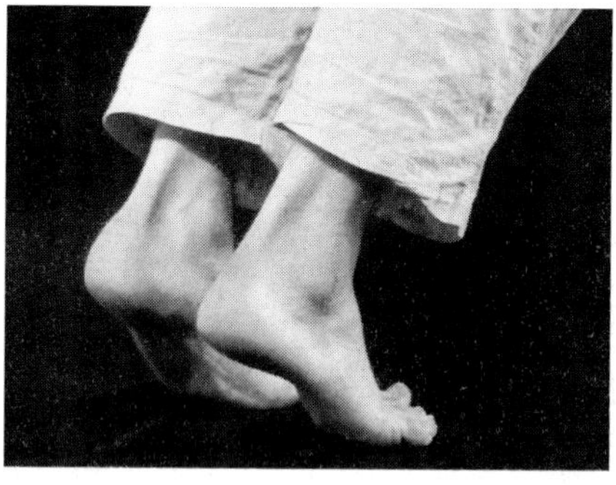

Fersen zu hoch

Position 8

SHIV RATAN KENDRA

Position 9

Der Gott Vishnu ist ein bemerkenswertes Beispiel dafür, wie sich hinduistische Götter verändern können. In frühen Zeiten des Opferkultes war er nur ein Sonnengott, der die Welt durchdrang. Dem Mythos zufolge hat er in drei Riesenschritten das Universum durchmessen. Diese Eigenschaft Vishnus findet sich in den drei Phasen der Sonne wieder: Sonnenaufgang, Mittag und Sonnenuntergang.

Im Laufe der Geschichte stieg Vishnu immer wieder auf die Erde herab, wenn die weltliche Ordnung und Moral bedroht waren, wobei er sich in verschiedenen Wesen inkarnierte, z.B. als der Gott Krishna, der in Indien immer noch sehr verehrt wird. Diese Güte gegenüber den Menschen lassen Vishnu später zu einem der drei wichtigsten Götter werden. Als Erhalter des Lebens wird er zusammen mit Shiva, dem zerstörerischen, und Brahma, dem schöpferischen Gott, als Götterdreiheit (Trimurti) verehrt.

Shiva: ein Aspekt der Götterdreiheit

MIT DER EINATMUNG bringen Sie das rechte Bein nach vorne zwischen die Hände. Sie nehmen die gleiche Stellung ein wie bei Position 4 (→ S. 66), mit dem Unterschied, daß jetzt das rechte Bein vorn ist. Achten Sie hierbei darauf, das Bein möglichst senkrecht zum Boden aufzustellen.

Oft fällt es schwer, den Fuß aus Position 8 zwischen die Hände zu bringen. Sie sollten in diesem Fall besonders vorsichtig daran arbeiten, um Ihr Kniegelenk nicht unnötig zu belasten. Unterstützen Sie die Bewegung von hinten nach vorne, z. B. indem Sie das Bein mit einer Hand möglichst weit nach vorne führen. Der Kopf sollte bei dieser Übung wieder Richtung Himmel gehoben werden.

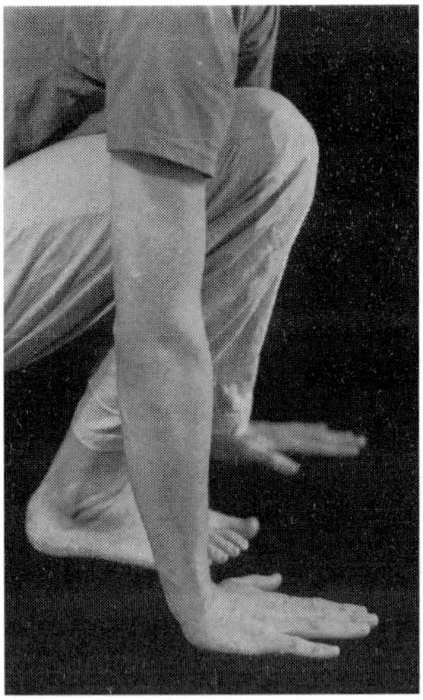

Kopf hängt nach unten

Knie überdehnt

Position 9

Der Sonnentempel von Konarak

Position 10

VIELE GESCHICHTEN ranken sich um die Entstehung des berühmten Sonnentempels von Konarak. Der Legende nach beobachtete Samba, der Sohn Krishnas, eines Tages seine Stiefmutter beim Bade, wofür er von seinem Vater mit der Lepra bestraft wurde. Zu spät war Sambas Reue, als sich herausstellte, daß er der Verführung der bösen Schlange Naga erlegen war, die sich an Krishna rächen wollte. Nur der Sonnengott Surya konnte ihm noch helfen, denn er hatte die Fähigkeit, Hautkrankheiten zu heilen. Nach zwölf Jahren erhörte er die Bitten Sambas. Als Dank für seine Genesung errichtete Samba am Ort der Heilung einen Tempel für Surya – den Sonnentempel von Konarak in der Nähe von Puri.

Das Heiligtum aus dem 13. Jahrhundert diente jedoch nicht lange als Tempel. Der reich mit mythologischen Tieren, Nymphen, Göttern und erotischen Darstellungen verzierte Tempel zerfiel früh, wahrscheinlich infolge eines Angriffs islamischer Eroberer, und diente dann lange als Steinbruch.

Im Laufe der Jahrhunderte wurde die Tempelplattform mit Sand zugeweht, und erst vor 100 Jahren begannen unter britischer Leitung Ausgrabungen, die die reiche Ornamentik wieder freilegten.

Bringen Sie mit der Ausatmung Ihr anderes Bein nach vorne und drücken Sie dann Ihr Gesäß nach oben. Hände und Füße sollten jetzt dieselbe Stellung wie bei Position 3 haben. (→ S. 62). Wenn Ihnen dies aufgrund der Dehnung in Beinen und Rücken schwerfällt, können Sie bei der Übung leicht in die Knie gehen.

Position 10

Position 11

Die hinduistische Mythologie kennt zwölf Sonnengötter. Sie alle sind lichtgeborene Kinder der Aditi, der Göttin des Firmaments. Die Astrologie, im Hinduismus bis heute eine hochentwikkelte Wissenschaft, kennt (wie die westliche Astrologie) zwölf Tierkreiszeichen. Die zwölf Positionen des Sonnengrußes stehen in engem Bezug zu den astrologischen Zeichen. So zeigt zum Beispiel eine bunte Stoffmalerei aus dem 17. Jahrhundert den Sonnengott Surya inmitten von vier konzentrischen Kreisen. Im innersten Kern sieht man die zwölf Kinder der Aditi, die die zwölf Monate symbolisieren. Die nächsten beiden Kreise zeigen die anderen damals bekannten »Planeten« neben Sonne und Mond sowie die astrologischen Mondhäuser. Im äußersten Kreis findet man schließlich die zwölf Tierkreiszeichen abgebildet. Die Malerei ist auf einem flammendroten Untergrund aufgebracht, der an die Kraft der Sonne erinnert.

Zwölfgliedrige Tempelkuppel

MIT DER EINATMUNG kommen Sie mit dem Oberkörper nach oben und strecken ihn etwas nach hinten wie zu Beginn der Übung. Entweder Sie kommen mit langgestrecktem Rücken hoch, oder Sie gehen leicht in die Knie und rollen Ihren Rücken schwungvoll auf.

Versuchen Sie beim Hochkommen, die Hände zusammenzubringen und sich mit langgestrecktem Rücken aufzurichten. Sie können sich unterstützend vorstellen, daß Sie jemand an den Armen langzieht oder daß Sie die Sonne am Horizont fassen wollen. Das verleiht Ihrer Bewegung mehr Anmut und Ausdruck.

Arme strecken

Position 11

Position 12

Der Schöpfungshymnus des Rig-Veda

Damals war nicht das Nicht-Sein, noch das Sein,
Kein Luftraum war, kein Himmel drüber her.
Wer hielt in Hut die Welt, wer schloß sie ein?
Wo war der tiefe Abgrund, wo das Meer?

Nicht Tod war damals noch Unsterblichkeit,
Nicht war die Nacht, der Tag nicht offenbar.
Es hauchte windlos in Ursprünglichkeit
Das Eine, außer dem kein andres war.

Von Dunkel war die ganze Welt bedeckt,
Ein Ozean ohne Licht, in Nacht verloren;
Da ward, was in der Schale war versteckt,
Das *Eine* durch der Glutpein Kraft geboren.

Aus diesem ging hervor, zuerst entstanden
Als der Erkenntnis Samenkorn, die Liebe;
Des Daseins Wurzelung im Nichtsein fanden
Die Weisen, forschend, in des Herzens Triebe.

Als quer hindurch sie ihre Meßschnur legten,
Was war da unterhalb, und was war oben?
Keimträger waren, Kräfte, die sich regten,
Selbstsetzung unten, Angespanntheit droben.

Doch, wem ist auszuforschen es gelungen,
Wer hat, woher die Schöpfung stammt, vernommen?
Die Götter sind diesseits von ihr entsprungen!
Wer sagt es also, wo sie hergekommen?

Er, der die Schöpfung hat hervorgebracht,
Der auf sie schaut im höchsten Himmelslicht,
Der sie gemacht hat oder nicht gemacht,
Der weiß es – oder weiß auch er es nicht?

Rig-Veda X. 129

Mit der Ausatmung senken Sie die Arme seitlich wieder und stehen mit aufgerichtetem Oberkörper. Die Schultern sind entspannt, die Hände liegen an den Oberschenkeln und der Kopf ist gerade. Beginnen Sie die nächste halbe Runde wieder mit der Ausgangsposition, führen Sie aber diesmal in Position 4 zuerst das linke Bein nach hinten.

Position 12

Entspannungslage (Shavasana)

Entspannung

Wenn Sie einige Runden des Sonnengrußes durchgeführt haben, ist es sinnvoll, Ihrem Körper eine kurze Ruhepause zu gönnen. Dabei kann sich Ihr Kreislauf von der vielleicht ungewohnten Anstrengung erholen. Vor allem aber geben Sie Ihrem Organismus so die Möglichkeit, all die aufgenommene Atmungs- und Bewegungsenergie im Körper einzubauen. Sie verstärken hierdurch wesentlich die gesundheitlichen Vorteile des Sonnengrußes.

Bleiben Sie nach Abschluß des Sonnengrußes noch einige Sekunden mit geschlossenen Augen stehen. Spüren Sie der Übung nach. Wie fühlen Sie sich? Wo hat sich im Körper etwas verändert? Gehen Sie eventuell Ihren Körper in der Vorstellung systematisch von den Füßen bis zum Kopf durch, wie zu Beginn des Übungsteils beschrieben (→ S. 48). Legen Sie sich dann auf den Rükken. Es bietet sich an, die bewährte Entspannungslage (Shavasana) aus dem Hatha-Yoga einzunehmen. Spreizen Sie Arme und Beine symmetrisch auseinander. Die Handflächen zeigen dabei nach oben. Die Augen sind geschlossen. Falls Sie eine längere Entspannungsphase wünschen, kann es angenehm sein, sich zuvor mit einer Wolldecke zuzudecken.

Atmen sie nach Möglichkeit weiter durch die Nase

ein und aus. Anfangs wird Ihre Atmung durch die Anstrengung noch schnell und unregelmäßig sein. Versuchen Sie aber, mit jedem Atemzug ruhiger und regelmäßiger zu atmen. Nach einigen Minuten sollte sich Ihre Atmung ganz beruhigt haben und rhythmisch ein- und ausströmen. Auf diese Weise kann Ihr Organismus den vermehrt aufgenommenen Sauerstoff bzw. die Energie besser im Körper verteilen. Diese dringt in alle Zellen des Körpers und vitalisiert ihn nachhaltig.

Zusätzlich zu dieser Energieverteilung, die Ihr Körper ganz von alleine regelt, können Sie diesen Prozeß aktiv unterstützen. Wenn Sie nach den Übungen irgendwo in Ihrem Körper Spannungen bemerken, lenken Sie den Atem mit Hilfe Ihrer Vorstellungskraft gezielt dorthin. Stellen Sie sich vor, wie Sie mit jeder Einatmung neue, belebende Energie in diese Körperpartien schicken und mit jeder Ausatmung einen Teil des Schmerzes aus Ihrem Körper hinausatmen.

Volle Yogaatmung

Wenn Sie die positive Wirkung der Atmung noch besser nutzen wollen, empfiehlt es sich, die volle Yogaatmung in der Entspannungslage durchzuführen. Diese effektive und kinderleichte Atemtechnik steigert Ihre Atemkapazität merklich, denn sie schöpft das gesamte Lungenvolumen aus.

In der Regel nutzen die meisten Menschen nur einen Teil ihrer Lungen. Sie atmen oft nur mit dem Brustbereich oder sogar nur mit dem oberen Teil der Lunge auf Höhe der Schlüsselbeine. Das ist die sogenannte Flachatmung. Nicht selten tragen wir zu enge Hosen oder Gürtel und berauben uns somit von vornherein der Möglichkeit einer tiefen Bauchatmung. Anatomisch reichen die Lungen bis hinunter zum Zwerchfell in die Bauchregion. Atmet man mit der vollen Lungenkapazität, so dehnt sich nicht nur der Brustkorb, sondern auch der Bauchraum. Ein zusätzlicher Gewinn der tiefen Atmung ist die automatische Massage der Bauchorgane durch die Bewegungen des Zerchfells, dem wichtigsten Atemmuskel.

Mit der vollen Yogaatmung können auch Sie von diesen positiven Wirkungen profitieren! In der Entspannungslage (Shavasana) beginnen Sie, Ihre Atmung syste-

Morgenstimmung am heiligen Ganges

matisch in die verschiedenen Bereiche der Lunge zu lenken. Zuerst atmen Sie tief hinunter in den Bauchbereich. Mit jeder Einatmung wölbt sich die Bauchdecke, mit jeder Ausatmung sinkt sie sanft hinunter. Dann erweitern Sie diesen Vorgang, indem Sie erst in den Bauch- und dann in den Brustbereich einatmen. In gleicher Reihenfolge atmen Sie aus: erst Bauch-, dann Brustbereich. Gelingt Ihnen die Atmung in Bauch- und Brustregion, atmen Sie zuletzt noch hoch bis in die Spitzen der Lunge bei den Schlüsselbeinen. Die Ausatmung geschieht wiederum in der Reihenfolge: Bauch-, Brust-Schlüsselbeinregion.

Sie werden bemerken, wie diese Technik Ihr Atemvolumen steigert. Besonders nach mehreren Runden Sonnengruß hilft sie Ihnen, vermehrt Atem zu schöpfen. Praktizieren Sie ein bis zwei Minuten die volle Yogaatmung, dann beruhigen Sie langsam Ihren Atem und atmen wieder in gewohnter Weise. Wenn Sie diese Übung anstrengt oder Ihnen schwindlig werden sollte, ist das kein Grund zur Besorgnis. Unser Körper ist in der Regel eine intensive Sauerstoffaufnahme nicht mehr gewohnt und muß erst wieder lernen, mit mehr Energie umzugehen. Steigern Sie sich also von Mal zu Mal und erzwingen Sie nichts.

Zusätzlich zu den rein körperlichen Wirkungen hat das gleichmäßige Atmen eine beruhigende Wirkung auf unseren Geist (→ S. 42 f.). Der Zusammenhang zwischen Atmung und Geist ist vielen Völkern seit alters her bekannt. Die alten Yogis, die intensiv mit diesen Wechselwirkungen experimentiert haben, entwickelten neben der vollen Yogaatmung noch andere Techniken, um den Atem zu regulieren. Ein altes Yoga-Handbuch aus dem 15. Jahrhundert faßt dies mit wenigen Worten zusammen:

> Fließt der Atem, fließen die Gedanken;
> ruht der Atem, ruhen auch sie.
> Da ein Yogi nach Ruhe und innerem
> Frieden strebt,
> muß der Atem beruhigt werden.
>
> *Hatha-Yoga-Pradipika 2.2*

Meditation

Der Sonnengruss ist eine sehr bewegte, dynamische Übungsfolge. Er dehnt den Körper, regt die Tätigkeit der inneren Organe an und vermittelt uns einen neuen Zugang zur Natur: zur Sonne, zum Himmel, ja zum Rhythmus des Lebens. Der Sonnengruß gehört zur aktiven Seite unserer Selbstentfaltung. Die Meditation dagegen gehört zur passiven Seite und kann eine gute Ergänzung für Sie sein.

Im folgenden sind einige einfache Meditations- und Atemübungen beschrieben, die Sie im Anschluß an den Sonnengruß durchführen können. Natürlich können Sie die Übungen auch einzeln praktizieren, zum Beispiel am Wochenende, wenn Sie genügend Zeit für sich haben. Es sind wunderbare belebende Übungen, die Kraft und innere Harmonie schenken. Vielleicht sind nicht alle Techniken für Sie geeignet. Suchen Sie sich daher nur die aus, die Ihnen entsprechen.

Wenn Sie keine Erfahrung mit Meditation oder Visualisierungsübungen haben, macht das nichts. Sie sollten sich dann mehr Zeit nehmen und nicht enttäuscht sein, wenn sich nicht gleich Erfolge einstellen. Man kann in der Meditation nichts erzwingen. Alles kommt vielmehr von selbst, sofern man sich nur genügend Zeit und Raum für die Übung läßt. Im Gegensatz zu den dynamischen Übungen des Sonnengrußes, die sofort Wirkung zeigen, sind die positiven Auswirkungen der Meditation meist erst viel später zu spüren.

Übung 1: Die Sonne in den Körper bringen

Legen Sie sich, nachdem Sie einige Runden des Sonnengrußes praktiziert haben, in die Entspannungslage (→ S. 100). Führen Sie fünf bis zehn Atemzüge der vollen Yogaatmung durch, bis Ihr Körper wieder zur Ruhe gekommen ist. Atmen Sie dann in immer sanfteren Atemzügen durch die Nase ein und aus. Lassen Sie sich Zeit und gehen Sie mit der Atmung!

Nun beginnt die eigentliche Meditationsübung. Dabei werden jeweils Ein- und Ausatmung mit der Vorstellung innerer Bilder kombiniert. Stellen Sie sich die Kraft, das Licht und die Wärme der Sonne vor. Nehmen Sie mit jeder Einatmung diese Sonnenenergie in Ihren Körper auf. Zuerst werden Sie wahrscheinlich nur mit Hilfe Ihrer Lungen atmen. Versuchen Sie allmählich Atemzug für Atemzug diesen Raum mit Ihrer Vorstellung zu erweitern, bis Sie schließlich mit dem gesamten Körper einatmen. Durch jede Pore Ihrer Haut dringt die Energie und Kraft der Sonne ein. Ihre gesamte Haut ist wie ein einziges großes Atemorgan ...

In Ihrer Vorstellung können Sie diese Energie in der Mitte Ihres Bauches, dem Solarplexus, sammeln. Dieses kraftvolle Zentrum ist im Yoga als »Manipura-Chakra« und im Buddhismus als »Hara« bekannt. Es gleicht einer Batterie, die Sie mit jedem Atemzug aufladen, um Ihren

Körper in Gang zu halten. Natürlich können Sie die eingeatmete Energie auch zu jeder anderen Stelle des Körpers leiten, beispielsweise zu verspannten Muskelpartien.

Stellen Sie sich bei jeder Ausatmung vor, wie Sie Sorgen und Ängste sowie alle körperlichen und geistigen »Schlacken« aus dem Körper hinausleiten. Dabei ist es hilfreich, sich vorzustellen, wie diese überflüssigen Schlacken durch die Beine hinab zu den Fußsohlen sinken und schließlich durch sie hinausgeatmet werden. Befreien Sie sich mit jeder Ausatmung ein bißchen mehr von dem, was Sie belastet und an Ihrer Persönlichkeitsentfaltung hindert.

Atmen Sie etwa fünf Minuten lang bewußt und konzentriert. Sie können die Übung auch ohne den Sonnengruß praktizieren, so oft Sie wollen. Sie reinigt Körper und Geist in besonderem Maße.

Übung 2:
Den Sonnenball schaukeln

Die folgende Übung kommt aus dem alten China und wird bis heute im Qigong praktiziert. Sie hat eine beruhigende Wirkung auf den Geist und hilft auch gegen kalte Hände. Stellen Sie sich bequem hin. Die Füße sind etwa 40–50 Zentimeter voneinander entfernt, die Knie sind leicht gebeugt. Bringen Sie Ihre Hände auf Höhe des Bauchnabels. Hände und Finger sind dabei völlig entspannt. Stellen Sie sich nun vor, zwischen Ihren Händen eine kleine Sonne zu halten. Spüren Sie nach, wie groß diese Sonne ist. Müssen Sie Ihre Hände näher zusammenbringen oder weiter öffnen?

Nachdem Sie ein Gespür dafür bekommen haben, beginnen Sie, sich abwechselnd nach rechts und links zu bewegen. Die Bewegung zu den Seiten kommt ausschließlich aus Ihrem Hara, also der Bauch- und Becken region, und endet jeweils, wenn Ihr Knie auf Höhe des Fußes ist. Immer, wenn Sie sich zu einer Seite bewegt haben, wechseln Sie die Handpositionen, so daß die obere Hand nach unten kommt und umgekehrt. Achten Sie hierbei darauf, daß Sie Ihr imaginäres Sonnenbällchen nicht verlieren.

Seien Sie während der ganzen Übung sehr aufmerksam und spüren Sie in Ihre Hände hinein. Spannen Sie die Schultern und den Nacken nicht an. Die Bewegung wie auch die Atmung sollten fließend und harmonisch sein. Nach fünf bis sieben Minuten kommen Sie wieder zur Mitte und lassen Ihre Hände sinken. Bleiben Sie noch einige Sekunden stehen, um der Übung nachzuspüren.

Die innere Sonne scheinen lassen

Übung 3:
Die innere Sonne scheinen lassen

Diese Übung ist eine einfache Entspannungsübung, die das Körperbewußtsein fördert und das Nervensystem beruhigt. Legen Sie sich dazu in die Entspannungslage (→ S. 100) und atmen Sie einige Male tief ein und aus, bevor Sie die Übung beginnen.

Stellen Sie sich nun eine kleine, helle Sonne auf Ihrer Stirn vor. Lassen Sie sich von ihrem Licht wärmen und reinigen. Warten Sie einige Atemzüge, bis Sie das Bild der Sonne klar vor Augen haben. Visualisieren Sie nun, wie die Sonne den ganzen Kopf erleuchtet. Spüren Sie, wie das Licht Ihren Kopf weitet, wärmt und alle negativen Gedanken überstrahlt. Warten Sie auch hier wieder einige Atemzüge, bis vor Ihrem inneren Auge der gesamte Kopf lichtdurchflutet ist.

Arbeiten Sie weiter mit dieser Vorstellung. Das Sonnenlicht dehnt sich nun langsam in Ihrem Körper aus. Überall dort, wo es hinströmt, weitet sich der Körper und wird durchlässig für innere Energien. Das Licht wandert den Hals hinunter, in die Schultern, durch die Arme bis in jeden einzelnen Finger. Es flutet den Oberkörper hinab bis in den Beckenraum, in die Beine, durch die Knie und schließlich bis in jede Zehe. Lassen Sie sich mit diesen inneren Bildern Zeit. Atmen Sie möglichst langsam und harmonisch durch die Nase ein und aus. Wenn Sie Ihren Atemrhythmus ändern, haben Sie Ihre Vorstellungskraft eventuell überanstrengt. Bleiben Sie spielerisch bei der Übung. Zum Schluß sollten Sie Ihren gesamten Körper als hell, leicht und durchlässig empfinden, so als schiene die Sonne aus Ihnen hinaus. Nehmen Sie sich für diese Übung fünf bis zehn Minuten Zeit.

Übung 4: Konzentration auf den Solarplexus

Diese Konzentrationsübung ist eine sehr alte Yogatechnik und wird als »Agneyi-Dharana-Mudra« bezeichnet. In dieser Bezeichnung ist der Name des Feuergottes Agni enthalten (→ S. 20). Nach der kosmologischen Vorstellung des Yoga wohnt der Feuergott auch im Bauch des Menschen. Hier, im Bereich des Solarplexus, facht er mit seiner Kraft das Verdauungsfeuer an. So hilft Agni dem Menschen, die aufgenommene Nahrung zu verbrennen.

Setzen Sie sich für diese Übung mit gerader Wirbelsäule auf einen Stuhl oder in einer bequemen Meditationshaltung auf den Boden. Schließen Sie die Augen und drücken Sie Ihr Kinn leicht in Richtung Brustbein, so daß die Halswirbelsäule sich streckt. Atmen Sie mehrmals entspannt durch die Nase ein und aus. Dann richten Sie Ihre Konzentration auf den Bereich in Höhe des Bauchnabels. Bleiben Sie mit Ihrer Konzentration an dieser Stelle. Zuerst beobachten Sie innerlich nur, wie sich der Bauch mit jeder Einatmung wölbt und wie er mit jeder Ausatmung wieder flach wird.

Wenn es Ihnen gelingt, Ihr Bewußtsein an dieser Stelle zu halten, erweitern Sie das innere Bild und stellen sich jetzt ein rotes, nach unten gerichtetes Dreieck vor. Die untere Spitze endet etwa am Bauchnabel. Zuletzt koppeln Sie noch Ihren Atem mit dem Mantra »RAM«, das die Konzentration fördert. Wiederholen Sie das Mantra stumm mit jeder Ein- und Ausatmung. Wenn Ihre Konzentration nachläßt, kommen Sie immer wieder bewußt auf das Bild des roten Dreiecks und den Klang »RAM« zurück.

Machen Sie diese Übung mindestens fünf Minuten lang. Sie stärkt die Konzentration, schafft innere Ausgeglichenheit und regt zugleich die Verdauung an.

Übung 5: Die Feueratmung

Die letzten beiden Übungen sind spezielle Atemtechniken aus dem Hatha-Yoga. Sie harmonisieren das Bewußtsein, bereiten auf längere Meditationen vor und stärken vor allem das körpereigene Energiepotential. Sie können mit diesen Techniken sozusagen Ihre Körperbatterie aufladen. Bei längeren Belastungssituationen oder in Zeiten wie dem Winter, wo wir mit unserer eigenen Energie gut haushalten müssen, ist das sehr hilfreich.

Für den Feueratem setzen Sie sich möglichst auf den Boden. Wählen Sie eine stabile Sitzposition wie den Fersensitz oder den Halben Lotossitz (vgl. die Position auf S. 108). Sie können sich auch ein Kissen unterlegen, um bequemer zu sitzen. Die Wirbelsäule sollte gerade sein. Heben Sie nun die Arme über den Kopf und bringen Sie die Handflächen zusammen. Schließen Sie die Augen und lenken Sie Ihre Aufmerksamkeit auf den Bauchbereich.

Atmen Sie in schnellem Rhythmus die Luft stoßweise durch die Nase aus. Dabei zieht sich Ihr Bauch mit jeder Ausatmung zusammen, denn das Zwerchfell schnellt aus der Tiefe des Bauchs nach oben und preßt die Luft aus den Lungen. Die Einatmung sollte sich geräuschlos und passiv vollziehen. Der Bauch dehnt sich wieder, das Zwerchfell sinkt nach unten und bildet einen Unterdruck, wodurch die Luft in die Lungen hineinströmt. Atmen Sie in dieser Weise ein bis zwei Minuten lang. Versuchen Sie, einen gleichmäßigen Rhythmus zu finden.

Zum Schluß atmen Sie vollständig aus, bis Ihre Lungen ganz entleert sind, und atmen dann nochmals ein. Halten Sie hierauf den Atem an, so lange Sie können. Ihre Arme bleiben dabei oben. Stellen Sie sich vor, wie sich Energie in Form von Wärme oder Licht im Solarplexus sammelt. Nach dem Ausatmen senken Sie die Arme und bleiben mit geschlossenen Augen sitzen. Führen Sie jetzt mit Ihrer Vorstellungskraft die gesammelte Energie vom Bauch über die Wirbelsäule hinauf zum Kopf. Spüren Sie, wie sich im Punkt zwischen den Augenbrauen Licht oder Wärme ausbreiten.

Die Feueratmung ist eine sehr wirkungsvolle Technik. Üben Sie ohne übertriebene Anstrengung und hören Sie sofort auf, wenn Sie sich unwohl fühlen. Bei Bluthochdruck (Hypertonie) sollten Sie diese Übung nicht durchführen. Falls Ihnen die Atemtechnik schwerfällt, können Sie zunächst üben, ohne die Arme nach oben zu strecken.

Übung 5

Übung 6:
Die Sonnenatmung

Die letzte Übung wird »Surya-Bheda« genannt. Wir erkennen auch hier die Namensverwandtschaft zum Sonnengott Surya. Wie bereits auf S. 35 erwähnt, hat der Mensch nach den Vorstellungen des Yoga einen Energiekanal, dessen Aktivität den Eigenschaften der Sonne zugeordnet wird, vor allem der Hitze. Die Sonnenatmung steigert in der Tat die Hitze im Körper, hilft so gegen Schlappheit und regt die Verdauung an.

Nehmen Sie wieder eine bequeme Meditationshaltung ein, entweder auf dem Boden oder auf einem Stuhl. Legen Sie dann die linke Hand auf das linke Knie, wobei sich die Spitzen des Daumens und des Zeigefingers berühren sollten. Die übrigen drei Finger sind gestreckt.

Diese Handgeste, auch Mudra genannt, wirkt in subtiler Weise auf den Energiekreislauf des Körpers. Mit der rechten Hand formen sie ebenfalls eine Mudra, indem Sie den Zeige- und Mittelfinger an den Daumenballen drücken. Dann bringen Sie die Hand zur Nase, so daß der Daumen am rechten und der kleine und der Ringfinger am linken Nasenloch liegen. Durch diese Handstellung können Sie jetzt abwechselnd Ihre Nasenlöcher verschließen. Nach dieser Vorbereitung schließen Sie die

Übung 6

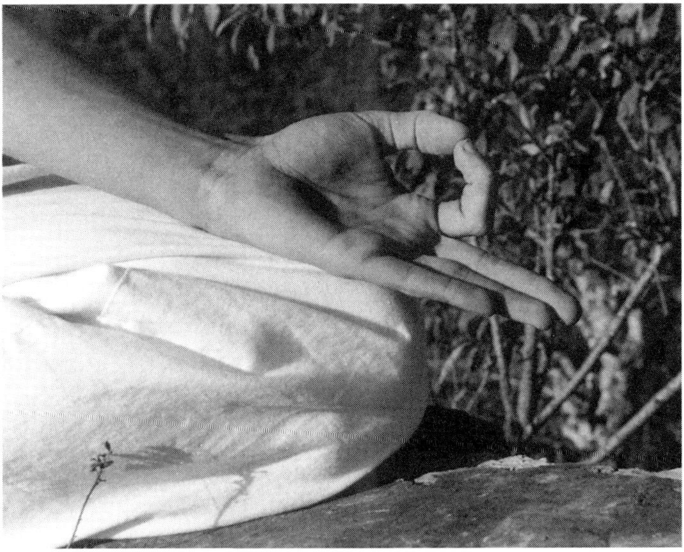

Surya-Bheda-Position

Handgesten für die Sonnenatmung

Augen und verschließen mit Ringfinger und kleinem Finger das linke Nasenloch. Atmen Sie nur durch das rechte Nasenloch ein und zählen Sie innerlich bis vier. Dann verschließen Sie zusätzlich das rechte Nasenloch mit dem Daumen und halten den Atem bis 16 an. Zuletzt öffnen Sie das linke Nasenloch und atmen auf acht aus. Danach beginnen Sie in der beschriebenen Weise wieder von vorne, indem Sie durch das rechte Nasenloch einatmen usw. (Wenn Sie Probleme mit den einzelnen Atemphasen haben, ändern Sie das Zählverhältnis von Einatmen, Atemanhalten und Ausatmen auf 4:4:4).

Konzentrieren Sie sich völlig auf den Atem und das Zählen. Zugleich können Sie sich vorstellen, wie Sie mit jeder Einatmung durch das rechte Nasenloch die Energie und Kraft der Sonne einatmen. Während Sie den Atem anhalten, stellen Sie sich vor, wie sich diese Energie im Körper verteilt. Praktizieren Sie die Atemmeditation fünf bis zehn Minuten lang. Legen Sie sich danach eventuell für ein bis zwei Minuten auf den Rücken in die Entspannungslage, um der Wirkung nachzuspüren.

Götter und Sanskritbegriffe zum Sonnengruß

Aditi – Mutter der Götter, Göttin des Firmaments und Mutter aller Sonnengötter

Aditya – Die Söhne der Aditi. Es sind die 12 Sonnengötter: Ansa, Aryaman, Bhaga, Daksha, Dhatri, Indra, Marttanda, Mitra, Savitar, Varuna, Vishnu und Aditya selbst

Agneyi-Dharana-Mudra – Yogische Konzentrationstechnik zur Stärkung der Verdauung

Agni – Gott des (Opfer-)Feuers

Aruna – Gott der Morgenröte, Wagenlenker Suryas

Brahmane – Vedischer Opferpriester

Gayatri-Mantra – Alter Lobgesang auf die Sonne aus dem Rig-Veda

Ghats – Steinerne Treppen am Ufer des Ganges

Hara – Solarplexus; Bauch; eigene »Mitte«

Indra – König der Götter und Regenbringer

Krishna – Bekannte Inkarnation des Gottes Vishnu

Manipura-Chakra – Energiezentrum über dem Bauchnabel

Mantra – Sanskritwort, das energetische Klangschwingungen beinhaltet

Mudra – Spezifische Handgeste

Savitar – Sonnengott, der die dynamischen Eigenschaften verkörpert

Shavasana – Entspannungsposition in Rückenlage

Surya – Bekanntester Sonnengott

Surya-Bheda – Yogische Atemtechnik zur Energiesteigerung

Surya-Namaskar – Sanskritbezeichnung für den Sonnengruß

Trimurti – Götterdreiheit Brahma, Shiva und Vishnu

Ushas – Göttin der Morgenröte, Gattin oder Schwester Suryas

Varuna – Gott der Wahrheit, der u.a. die Planeten auf ihrer Bahn hält

Veden – Vier heilige Schriften der Brahmanen, ca. 1500 v. Chr. entstanden.

Entspannung für Körper und Geist

Handbuch Yoga
Grundlagen, Übungen und Techniken
Von Cai Pfannstiel
dtv 36018

Dieses Handbuch ist praktisches Übungsbuch und Nachschlagewerk zugleich. Es richtet sich sowohl an Anfänger als auch an Fortgeschrittene, die schon lange Yoga praktizieren. Der erste Teil führt in Praxis und Hintergrund des Yoga ein. Der Yoga-Lehrer Cai Pfannstiel gibt genaue Anleitungen zur Ausführung der einzelnen Posen und Techniken und beschreibt, welche Wirkung die Körperübungen haben. Der zweite Teil informiert in Stichwörtern über alles, was mit Philosophie und Praxis des Yoga zu tun hat. Zudem werden in diesem Teil weitere Posen für Fortgeschrittene vorgestellt. Insgesamt enthält das Handbuch 80 Grundübungen und ebenso viele Variationen.
Das Adressenverzeichnis im Anhang verzeichnet Yoga-Verbände und Yoga-Schulen, bzw. -Lehrer.

Handbuch Autogenes Training
Grundlagen, Technik, Anwendung
Von Dr. med. Bernt Hoffmann
dtv 36004

Dieses systematisch angelegte Handbuch faßt das theoretische und praktische Wissen über das Autogene Training übersichtlich zusammen. Alle Übungen werden ausführlich in ihrer Technik und in ihren Anwendungsmöglichkeiten behandelt, wobei Schwierigkeiten und Probleme, die sich bei der Einübung einstellen, besondere Beachtung finden.